LE
CATÉCHISME RÉPUBLICAIN

À L'USAGE

DES VRAIS DÉMOCRATES

PAR

LE CITOYEN TAXIL

ARTILLEUR DE LA LÉGION DE LA SEINE

Prix : 30 Centimes

PARIS

IMPRIMERIE PAUL DUPONT

RUE J.-J.-ROUSSEAU, 41 (HOTEL DES FERMES)

—

1870

LE
CATÉCHISME RÉPUBLICAIN

A L'USAGE

DE TOUT CITOYEN HONNÊTE

QUI DÉSIRE LE RÈGNE DE LA RAISON ET DE LA JUSTICE
A LA PLACE DE CELUI DE LA CUPIDITÉ ET DE L'ORGUEIL

Publié en 1848

PAR TAXIL, ARCHITECTE,

Artilleur de la Légion de la Seine

*Ouvrage adopté par la Société philanthropique démocratique
des artilleurs de la Seine.*

2me ÉDITION

—◦—

PARIS

IMPRIMERIE DE PAUL DUPONT

Rue J.-J.-Rousseau, 41 (Hôtel des Fermes).

—

1870

PRÉFACE

Mes chers concitoyens,

La gravité des circonstances au milieu desquelles nous vivons nous impose à tous le devoir de rechercher les causes de nos désastres.

L'homme qui connaît les causes du mal qu'il éprouve est à moitié guéri.

Et ce qui est vrai pour le corps humain est vrai *à fortiori* pour le corps social.

Ces causes, suivant moi, sont de deux sortes :

La perfidie d'un ennemi qui agit dans l'ombre et à l'insu de la plupart d'entre nous depuis plus de vingt ans, dans un but d'ambition féroce et en haine de nos sentiments libéraux et humanitaires, d'une part; la vie oisive et molle à laquelle nous nous sommes abandonnés, aussi bien que le désir stupide de celui qui fut empereur, de fonder une dynastie royale, avec l'appui d'une cour corrompue et spoliatrice, et une lâcheté sans exemple dans les annales des peuples pour couronnement, d'autre part.

Les revers successifs de nos armées, dus à la corruption, à la mollesse et à l'incapacité d'une partie de ceux qui commandaient nos braves soldats, ont bien vite fait comprendre à ce peuple, malgré et par suite de sa conditionnelle confiance, que l'empire était perdu...

La capitulation de Sedan a fini de le réveiller, et la triste réalité nous a convaincus tous qu'il n'était qu'un moyen de nous sauver; c'était l'établissement immédiat de la République, qui d'abord réunissait toutes les intelligences et tous les cœurs, et devait, dans un temps plus ou moins rapproché, attirer à nous les peuples victimes comme nous des races royales et princières.

Le gouvernement de la défense nationale, qui a été acclamé par l'unanimité de la population parisienne, et assume l'immense respousabilité des événements militaires actuels, a jugé à propos de vous convoquer, mes chers concitoyens, pour élire vos représentants, dits constituants chargés par vous de procéder à l'élaboration, puis à la confection, et enfin au vote des lois qui doivent régir un peuple fort, sage et libre.

Je ne rechercherai pas pourquoi le gouvernement ne conserve pas jusqu'après la guerre le pouvoir que Paris lui a délégué et que la France, confiante dans son honnêteté et son patriotisme, lui confirme.

D'ailleurs, il craindrait probablement de paraître un obstacle à un traité de paix ou d'alliance honorable... Respectons ses scrupules et inclinons-nous.

Il nous reste à examiner dans quel esprit nous procéderons à ces élections.

Dans ce but, je voulais rééditer purement et simplement le *Catéchisme républicain* qui va suivre, et qui a été composé par moi en 1848, afin d'enseigner à mes frères les principes élémentaires du dernier régime que Dieu réserve aux nations arrivées à l'*ultima ratio* de la civilisation.

Mais les événements survenus depuis, et ceux qui ont précédé, sont trop importants et trop nombreux.

Ils contiennent trop d'enseignements pour que je ne vous les dise pas, mes chers concitoyens, jeunes et vieux, républicains sincères ou hommes simplement sages de toutes les nuances sociales, depuis celui qui croit naïvement à la durée du despotisme, jusqu'à celui qui espère le bonheur de l'humanité dans la royauté la plus constitutionnelle.

Et cela, afin que vous soyez assuré, par ce récit d'une partie de ma vie, que, sans peur comme sans fatuité, tous les actes de ma vie comme toutes mes paroles ou écrits n'ont eu qu'un but, qu'un objectif, celui de sauver notre patrie des malheurs que j'apercevais dans le lointain, en appelant son attention, détournée sur des objets frivoles.

Enfin, que j'ai des droits à votre attention...

Ceux qui ont, comme moi, cette flamme patriotique et humanitaire qui brûle le cœur, me comprendront de suite.... Quant aux autres, l'expérience leur apprendra certainement...

Je ne vous raconterai pas ma vie de jeunesse toute républicaine et de sacrifice à l'idée, commencée en 1832, à peine âgé de seize ans.

J'arrive de suite à la fin de janvier 1848, où, dans un conseil tenu au journal la *Réforme*, sous la présidence du citoyen Flocon, en l'absence du citoyen Ledru-Rollin, j'annonçai l'avénement de la République comme étant la suite forcée du banquet du 12me, que M. Guizot l'autorise ou l'interdise, et j'expliquai mes motifs, malgré les dénégations des citoyens présents.

Je concluais enfin à la souscription en masse à ce banquet.

A ce moment déjà, la nation était entraînée dans la vie matérielle la plus abjecte et l'égoïsme le plus dissolvant.

Les hontes s'accumulaient, et les hommes à 200 francs étaient les seuls arbitres de nos destinées...

On sait que l'annonce du banquet du 22, l'interdiction et ensuite la reculade de M. O. Barrot amenèrent la journée du 23 février.

Le matin on battit le rappel, et j'allai à la

mairie, rue Sainte-Croix, lieu de ralliement...

La garde nationale était peu nombreuse, il n'y avait que des officiers, des sous-officiers et quelques gardes, tous disposés, à de rares exceptions près, à réclamer énergiquement la réforme électorale et la chute du ministère Guizot.

Là, M. le maire et député Moreau voulut nous apaiser, en nous promettant de remettre au roi les pétitions que nous voudrions bien rédiger.

Nous rappelâmes à M. le maire le cas qu'on avait fait des précédentes, et un formidable et prolongé *vive la réforme !* couvrit sa voix.

Et la grille de la mairie, fermée à dessein, fut aussitôt forcée.

Et nous partîmes, les tambours au milieu de nous, pour appeler tous aux armes, franchissant les barricades sans nul souci de nos existences, mais sans les détruire ni arrêter un seul insurgé, ce qu'il nous eût été facile de faire.

Dans chaque rue et de toutes les croisées des acclamations enthousiastes accueillaient notre manifestation.

La révolution était faite. Les concessions étaient venues trop tard.

Rue de l'Oseille, nous eûmes un homme tué d'un coup de fusil, dont on ne connut pas l'auteur, il provenait d'une compagnie du 48e en observation.

Après, on sait le reste. Aussitôt l'installation du gouvernement provisoire, je sollicitai, au nom de son salut, de faire procéder aux élections, en profitant de l'effacement des dissidents.

Ma lettre fut brûlée ou jetée au panier.

En même temps, nous organisions la légion d'artillerie, et je rédigeais, sous l'inspiration de tous, une lettre pour prier notre ami Guinard d'accepter le grade de colonel et le commandant Michel celui de lieutenant-colonel.

Plus tard, pressentant que la réaction voulût se faire une arme de guerre des ateliers nationaux, je suppliai le citoyen Marrast de ne pas laisser discuter la dissolution des ateliers avant d'avoir trouvé les moyens de donner du travail à leurs nombreux ouvriers.

Les représentants républicains, frappés de vertige, semblaient écouter sans entendre.

Enfin, quoique brisé de douleur et voyant la République qui allait à la dérive, j'espérais encore, et je rédigeai, à l'encontre de la présidence, le petit opuscule ou catéchisme dans lequel je demandais l'amnistie pour les victimes de juin.

Dans l'espoir d'être utile à tous, je surmontai ma timidité naturelle, j'allai dans les grandes réunions d'ouvriers, au risque d'être battu, lire à haute voix mon catéchisme républicain et le commenter, pour en bien faire comprendre les principes et la raison.

Mais j'étais seul, et il était tard.

Mes efforts furent inutiles.

Voyant la République vaincue et trahie, je n'eus pas la force d'attendre sa mort. En conséquence, je cédai aux prières de ma femme, et je partis, avec toute ma famille, le 14 décembre 1848, pour Alger.

La colonie méditerranéenne était républicaine, et j'eus encore des joies qui, hélas ! se terminèrent bientôt par des douleurs bien vives quand nous aprîmes la capitulation de Paris entre les mains du dernier des Bonaparte !

Nous ne le pouvions croire, malgré les deux navires que nous avions attendus plus d'un jour et deux nuits sans nous coucher, et qui nous l'annonçait cependant !...

Le plébiscite nous trouva résolus à perdre notre pain et celui de nos familles plutôt que de mentir à nos consciences.

Puis, après, en présence de la formidable majorité de notre France, nous dûmes nous incliner tout en nous écriant comme Galilée, mais cette fois pour un principe social : *Et cependant, ce ne peut être le gouvernement d'un seul qui est la vérité promise*, ne fût-ce qu'à cause de la faiblesse humaine et des nuées d'âpres courtisans qui fondront sur le pauvre potentat comme un essaim de mouches malfaisantes.

Non ! C'est la République, la République seule qui est l'avenir glorieux des sociétés nouvelles. Attendons des temps meilleurs.

Aussi, après huit années de gouvernement personnel, ne fus-je pas étonné que l'empereur parût trouver le fardeau trop lourd.

Il commença bien ; la démocratie voulait le rétablissement de l'unité italienne, il la décida ; j'arrivai à Paris la veille de son départ pour l'Italie, je fus témoin de l'ovation qui lui fut faite et de l'émotion qu'il paraissait en éprouver. *Qui pouvait croire alors que cet homme ferait Sedan!...*

Plus tard, en 1860, ce fut notre tour ; les attributions de la Chambre furent agrandies.

A partir de ce moment, je pensai qu'il voulait se décharger de sa lourde responsabilité.

Et en présence de la démoralisation qui gagnait toutes les couches de la société d'une part, et l'hostilité sourde des puissances aristocratiques à l'endroit de notre esprit de libre examen, de l'autre, je compris qu'il y avait lieu pour la démocratie d'avoir, non une conduite hostile vis-à-vis de l'empereur personnellement, mais une conduite digne et ferme, reconnaissant le bien qui se ferait, sapant le mal, et en demandant la réforme avec vigueur.

Cette politique de justice qui conciliait tous les cœurs à la démocratie républicaine préparait les esprits mieux que les calomnies ou les violences de langage. C'est le cœur ulcéré des malheurs dont nous étions menacés *et que je prévoyais* par la démoralisation des couches supérieures et inférieures de la nation que j'essayai en 1865 (1) d'appeler l'attention des penseurs sur la nécessité d'une politique qui, sans cesser d'être républicaine au fond, oblige l'empereur, par sa franchise d'allures, à persévérer dans la voie libérale où il était engagé.

Malheureusement les journalistes ne le pensèrent pas ainsi, et les cajoleries astucieuses de la Prusse leur fermèrent les yeux sur l'araignée qui tissait laborieusement et inexorablement la toile qui devait nous étreindre.

Permettez-moi, mes chers concitoyens, de vous faire quelques citations qui vous prouveront que la guerre, en m'affligeant, ne m'a pas surpris de la part de la Prusse, car, qu'on le sache, elle avait besoin de causer une grande et noble émotion pour l'accomplissement de son dessein.

A la page 5 de cette brochure, après avoir envisagé notre triste situation morale je disais :

---

(1) Pourquoi n'avouerais-je pas que j'espérais secrètement qu'il avait lu et médité mon catéchisme à l'article *Présidence.*

« Eh bien, nous sommes relativement à
« la même époque néfaste que ces peu-
« ples (1), notre siècle ou le prochain est
« appelé à voir de grandes choses !... Tout
« homme qui réfléchira à notre état social
« actuel croira ce que j'avance !... »

« Or, ce siècle verra-t-il la ruine de
« notre civilisation, ou bien son apothéose ?
« Nos enfants seront-ils replongés dans la
« barbarie et l'ignorance en passant par le
« sang et les martyrs... ou s'uniront-ils
« à tous les peuples de la terre dans un
« embrassement général ?

Plus loin, page 14... « Voulez-vous at-
« tendre en tremblant, quoique dans une
« sécurité trompeuse, que les barbares du
« Nord viennent vous chasser ? Restez
« désunis... C'est le sort de toutes les
« nations qui tombent en décadence.

Et, après avoir exhorté les penseurs
à prêcher les vertus solides à nos femmes et à nos filles, je disais à la page
31 :

« Car elles auront l'espoir (2) de les voir
« un jour des hommes prêts à se lever

---

(1) Ceux qui d'une civilisation très-avancée
sont retombés dans les ténèbres.

(2) Les femmes qui, vraies mères, allaiteront
leurs enfants.

« spontanément pour repousser l'ennemi
« qui s'apprête dans l'ombre, etc. »

Enfin plus loin :

« Voyez, d'un autre côté, la Prusse ; elle
« est le satellite de la Russie, croyez-le!...
« Ah ! que les lauriers de Duppel ne l'en-
« thousiasment pas tant qu'elle le paraît...
« C'est l'appât jeté à ses soldats ! C'est
« pour les mettre en goût et les exciter
« comme on excite une meute, etc. »

Voilà mes préoccupations en 1865...
Voilà pourquoi je suppliais tout ce qui avait
un nom dans littérature et dans les arts
utiles alors délaissés, de s'unir non pas tant
contre l'homme, que contre les abus de
toute espèce qui précipitaient notre chute
morale, et que l'union seule pouvait arrêter.

En 1870, l'orage grossissait au Nord, la
Prusse avait fait Sadowa et elle se préparait à faire Sedan, ou plus encore, car elle
n'avait encore que la première étape.

L'empereur, qui le sentait peut-être, malgré l'ignorance où l'avait laissé son ambas-
sadeur, était entré plus résolument dans la
voie libérale.

Pour moi, qui n'ai jamais pensé que l'empire fût le principal objectif de l'aristocratie européenne représentée par le roi Guil-
laume, il fallait empêcher une manifestation
hostile au pouvoir impérial, afin d'empêcher une révolution qui succomberait

certainement par la force des baïonnettes et qui, dans toute hypothèse, nous amènait le vautour Prussien pour prendre la proie qu'il convoite depuis longtemps; plus la suprématie militaire, plus la suprématie artistique, navale, commerciale, etc. car l'ambition prussienne est insatiable, et elle sait attendre son moment favorable.

En présence donc des nouveaux malheurs dont la patrie me paraissait menacée, je me jetai de nouveau dans la lice, et à mes frais, risques et périls, je fis une proclamation plébiscitaire, dans le but de conjurer un grand et irréparable désastre. Outre les motifs que je viens de dire, n'avait-on pas subi pendant dix-huit années un pouvoir despotique sans bornes? Pourquoi n'aurait-on pas pu attendre encore les courts instants qu'avait à vivre celui qui faisait amende honorable en restituant les franchises qu'un grand nombre de conseillers l'engageaient à garder? Enfin, la question posée se bornait à demander si les libertés nouvelles étaient agréables à la nation. Dire non, était donc un non-sens, la question dynastique seule paraissait devoir être écartée; je le fis par les paroles suivantes, qui trouvèrent leur application inexorable le 4 septembre :

« *Oui*, parce que les générations futures
« devenant majeures par la pratique des
« libertés publiques, ne seront pas plus
« liées par notre vote d'aujourd'hui, au cas

« où il y aurait incompatibilité entre la
« forme du gouvernement et les libertés
« publiques, que nous ne le sommes nous-
« mêmes par le vote d'hier ou par les votes
« antérieurs. »

J'en passe, et je ne veux pas résumer ici
toutes les phases politiques heureuses et
malheureuses dont mon cœur avait le pres-
sentiment pour notre chère patrie. Si je
vous ai mis sous les yeux, mes chers amis
et frères, les pressentiments qui ont agité
mon cœur et mon âme depuis vingt-deux
ans, ce n'est pas par un vain orgueil ni
pour triompher d'aucun genre de supé-
riorité sur le plus modeste ou le plus dis-
gracié de la nature.

Un but plus grand, plus élevé m'a
entraîné, celui d'être utile en donnant une
forme saisissante à cette union qui sauva
nos pères qu'ils avaient si bien symbolisée,
et qui doit nous sauver, ainsi que tous les
peuples de l'Europe de la mort et de l'escla-
vage.

Et pour commencer, que la minorité ne
crie plus Sus ! à ceux qui ont dit :

Oui, nous acceptons la marche progres-
sivement libérale ; oui, nous la préférons à
une révolution, où ses promoteurs trouve-
raient certainement la mort ainsi qu'un
grand nombre de citoyens dans l'un et l'autre
camp, accompagnée de la ruine des idées
républicaines ou simplement démocratiques.

Si nous nous sommes trompés sur la valeur de l'homme de Sedan, ceux qui ont dit non se sont bien plus étrangement trompés sur les principes de l'ogre de Prusse et de son ministre.

Remercions le grand Architecte des mondes que ce soit lui qui nous ait tué 200,000 hommes et non pas nous dans une guerre civile !...

Lui, est affaibli d'autant au moins, si ce n'est plus !

Et cela étant, nous le vaincrons.

Et ce sera l'aurore de la République universelle, qui eût été ensevelie pour longtemps si l'épreuve du 8 mai eût été selon les désirs secrets du monstre à face humaine.

D'ailleurs le grand peuple de France a toujours voulu avoir un puissant motif pour chasser un roi....

Sans parler de 89...

1830 a été fait, parce que les ordonnances reculaient la civilisation au moyen âge, en nous plaçant sous l'influence exclusive du clergé. 1848 a été fait, parce que la royauté est restée sourde aux pétitions et aux prières les plus justes et les plus modestes de la réforme électorale....

Celle du 4 septembre 1870 a été faite, parce que celui qui se disait empereur des Français, après avoir laissé dilapider les deniers publics, corrompre les officiers, battre nos armées comme aucune ne l'avait jamais été jusque-là, a eu l'insigne lâcheté de capituler avec 80,000 Français !

Ce n'est pas, comme le dit l'odieux étranger, une République de la rue, c'est Paris d'abord, tout entier.

C'est ensuite la France, qui est unanime pour chasser à jamais un pouvoir honteux, qui a fait l'expérience assez décisive pour faire voir à la France comme à l'Europe, que le pouvoir d'un seul est entaché du péché originel, indestructible et incompatible avec le bonheur des sociétés modernes.....

Mais si la révolution eût eu lieu le 10 mai, quelle justification avait-elle ?...

L'humanité n'aurait pas eu à reprocher au despote le crime de lâcheté qui le souille à tout jamais.

La justification eût pesé de tout son poids sur tous et toujours.... L'histoire n'eût-elle pas dit : L'empereur, après avoir régné dix-huit années despotiquement s'est pris un jour à restituer les libertés perdues. Le peuple reconnaissant le renversa !...

Cela eût flétri la jeune République au berceau, elle serait morte avant d'avoir vécu...

Je vous convie donc tous, mes chers amis, à l'union pour le seul et vrai gouvernement des peuples éclairés et libres...

Plus de division...

Cette forme ne permet-elle pas que le concours de tous soit utilisé selon ses aptitudes ?... Ne garantit-t-elle pas la vie de tous ? Et, en attendant, à l'œuvre pour la destruction de nos envahisseurs !

Au moment de mettre sous presse le présent, les journaux nous font connaître que les élections sont remises après la guerre. Nous en félicitons le gouvernement, pour nous et pour lui-même, qui aurait pu paraître céder à une pression extérieure.

AVANT-PROPOS

La perturbation qui résulte pour un
grand nombre de citoyens de l'état
d'incertitude dans lequel tombent
même les esprits les plus forts, incertitude engendrée par la multitude
des doctrines et les égoïsmes, a fait
naître, chez l'auteur, l'idée d'un Catéchisme républicain, dans lequel
chaque personne, à quelque sexe ou
âge qu'elle appartienne, pourra pui-
ser les notions que l'honnête citoyen

est tenu de connaître, concernant ses droits et ses devoirs.

La nécessité de cet opuscule est tellement évidente, que la République ne saurait être constituée sérieusement, tant que tous les citoyens français ne seront pas familiarisés avec tous les rouages d'une véritable République.

Et comment pourraient-ils se familiariser, avec des institutions, que tant de privilégiés et repus cherchent chaque jour à leur confisquer, ou faire confisquer, si dès à présent, ils ne s'éclairent pas de la connaissance de leurs droits, et des moyens d'en user avec dignité et de manière à ôter tout prétexte aux faux amis de l'humanité?

Courage donc, Citoyens, que le fond réponde à la forme, et l'humanité tout entière vous sera reconnaissante.

Combien Dieu est grand, après tant de siècles d'efforts inouïs de la part des tyrans !...

Les sociétés sont définitivement émancipées... Elles n'ont plus besoin de suborneur ou de maître!...

La société française l'a prouvé par ses révolutions successives, qui attestent sa haute intelligence.

Il faut maintenant qu'elle consacre cette vérité d'une manière complète, en résolvant le grand théorème de son émancipation intellectuelle, par une connaissance parfaite des belles vérités démocratiques. Alors, l'administration de la France et des Français par eux-mêmes ne sera plus qu'un axiome.

C'est parce que j'ai senti combien il serait beau, grand et heureux pour le monde entier de préparer ainsi les voies à l'émancipation universelle, que j'ai tenté de mettre mes modestes facultés au service de mes semblables. Heureux mille fois, si mon courage, à défaut de génie, a pu leur être utile !

CATÉCHISME RÉPUBLICAIN

PREMIÈRE PARTIE.

D. Qu'est-ce que l'homme ?

R. L'homme est l'être le plus complet dans la nature, puisqu'il réunit *Beauté, Force* et *Intelligence*.

D. La vie en commun est-elle indispensable à l'homme ?

R. Oui, car c'est la conséquence de son existence ; d'après les lois naturelles, l'homme ne peut vivre sans compagne. Cet état constitue la vie en commun ; les enfants, les soins qu'ils exigent, comparativement aux autres animaux, rendent encore plus évidente cette nécessité.

D. Comment appelez-vous cet état, ou vie en commun?

R. Je l'appelle société.

D. L'homme ne pourrait-il pas borner à sa femme et à ses enfants la vie en commun?

R. Non, car outre que l'homme isolé serait exposé à une foule d'accidents que la solidarité sociale lui évite, il deviendrait la victime d'un plus fort ou d'un plus adroit que lui ; sa nature expansive, unie à son désir de progrès moral et intellectuel qui est aussi impérieux que son développement physique, l'oblige à rechercher ses semblables pour vivre à côté d'eux.

D. La société, ou agglomération d'hommes, ne reçoit-elle pas différents noms, suivant qu'elle est dirigée par un ou plusieurs, ou bien d'une façon plutôt que d'une autre?

R. Oui, elle en reçoit une foule, suivant

la forme de gouvernement qui la régit. Mais la vérité étant *une* et *indivisible*, il n'y a qu'une seule forme de durable: puisqu'il n'y a qu'une vérité, et qu'entre vérité et mensonge, il existe l'infini, comme entre le jour et la nuit.

D. Énumérez les différents noms des sociétés, comparés à leur forme politique.

R. Parmi les gouvernements d'un seul, c'est-à-dire quand c'est un seul homme qui représente tous les pouvoirs, la société s'appelle monarchie ou empire. L'empire ne se dit que quand celui placé sur le trône le tient par droit de conquête ou en vertu d'un héritage de conquérant. Par suite des progrès de l'esprit humain, les rois ou empereurs ont changé leur qualification primitive d'absolue en constitutionnelle. C'est ainsi que les royautés, depuis la Restauration jusqu'au 23 février, en France, étaient constitutionnelles, à défaut d'absolues qu'elles voulaient être. Dans les gouvernements par plusieurs ou tous, on distingue la *République* proprement dite, où tous les citoyens de toutes les classes, sans priorité pour aucune des classes ou des individus sur les autres que celle du talent ou de la vertu, sont appelés à contribuer, à différents titres, à l'administration générale du pays. L'*aristocratie*, qui devient toujours *oligarchie*, où les citoyens les plus instruits, les plus sages, et le plus souvent les plus riches, sont seuls appelés à participer dans le gouvernement. Et enfin, la *démocratie*, qui se compose comme la République, seulement avec priorité du peuple dans les Assemblées parlantes.

D. Quelle est la forme qui, suivant vous, convient le mieux à toute société ?

R. C'est la forme républicaine proprement dite ; car le gouvernement étant de tous par tous, sans autre préférence que le mérite et la vertu, il est impossible que l'erreur et le vice puissent, sinon se produire, du moins s'éterniser et grandir, ainsi qu'il est clair que cela arrive dans les autres gouvernements, qui n'ont pour principe que la faveur, puisqu'ils ont pour base la faiblesse ou l'orgueil d'un ou plusieurs hommes.

D. Toutes les formes de gouvernement sont-elles praticables sans qu'elles aient pour résultat d'attenter à la justice que les hommes se doivent entre eux ?

R. Non, car il n'en est qu'une seule qui soit l'essence de toute justice, et qui ne renferme pas dans son sein des germes de mort et de destruction.

D. Quelle est cette forme ?

R. C'est la forme républicaine.

D. Expliquez pourquoi les autres gouvernements renferment tant d'éléments désorganisateurs.

R. C'est facile ; car, en commençant par les aristocraties, il est clair qu'étant livrées à un petit nombre de privilégiés, qui tous ont des droits presque égaux, elles amènent bientôt le désordre, cortége nécessaire de la jalousie que les priviléges engendrent toujours ; car tel individu n'est pas récompensé suivant son mérite ; celui qui est chargé d'en mesurer la valeur est sollicité par un plus adroit qui l'entraîne ; tel autre veut placer les membres de sa famille, tel autre ses amis ; tel autre enfin, voulant augmenter ses jouissances, demande augmentation d'appointements. Pour ce, ils se créent des amis, des gens à gages. C'est ainsi que la nation finit par être rongée par des nuées de parasites qui se disputent l'épargne du pauvre. De là, tous les maux qui affligent le monde, quand enfin un despote vient s'emparer de la toute-puissance que vingt voulaient s'attribuer sans l'avoir gagnée autrement que par des bassesses. C'est alors l'empire.

Mais ici ce sont de nouveaux maux. Si c'est un guerrier, il ira faire détruire tout ce que la nation contient d'hommes vigoureux et purs, pour faire parade de son génie militaire, ou plutôt sanguinaire ; il accablera encore son peuple d'impôts pour subvenir aux frais de la guerre, et se créera une cour militaire, afin que les officiers ne murmurent pas en partant. De là, jalousie du civil contre le militaire, intrigue, pour diminuer telle prépondérance au profit de telle autre...

Si on suppose même, parmi tous ces gouvernements, la meilleure des formes aristocratiques, dirigée par le meilleur des rois, bon administrateur et bon guerrier, actif et intelligent, il comprend qu'il ne peut être heureux que si son peuple l'est. Il ne désire ni ne craint la guerre, et endossé son armure aussi gaîment qu'il signe le meilleur traité de commerce. Eh bien! avec tout cela, sans qu'il soit question de ses successeurs, qui ne lui ressembleront pas, à moins d'un grand miracle, lui-même changera, lui-même deviendra, de simple qu'il était, orgueilleux ; de guerrier, il deviendra lâche ou cruel. Il oubliera le bonheur du peuple pour ne penser qu'à son orgueil insatiable. Il oubliera ses vertus comme des sentiments ridicules, pour ne penser qu'à ses passions. La tourbe des intrigants et des flatteurs lui fera tout oublier. Hélas! les priviléges ne sont-ils pas les grands générateurs de toute corruption? Mais, que dis-je! Tous ces gouvernements, qui recèlent dans leur sein le germe de leur destruction, en même temps que celui de leur existence, ne contiennent-ils pas un vice cent fois plus monstrueux, plus hideux.... et qui est la négation de l'humanité même, l'égoïsme? Oui, car Jésus-Christ a dit : « Aimez-vous les uns les autres. »... Et eux, ils ont dit : « Méfions-nous les uns des autres. Vivons chacun pour soi ; » partant, ils s'amusent, eux, et le pauvre meurt de faim dans sa mansarde !...

D. Doit-on en vouloir aux gouvernants de cette espèce de la perturbation qu'ils apportent dans l'État ?

R. Non ; car, d'une part, le monarque est tellement aveuglé, qu'il ne voit pas plus le bien du peuple que le sien propre ; et que, de l'autre, les courtisans ne sont que les instruments de leur cupidité, alléchés par une mauvaise organisation sociale, se prêtant à leurs honteuses manœuvres.

D. Le peuple doit donc se soustraire à cet ordre de choses ?

R. Oui... et par toutes les voies légales d'abord : réclamations, pétitions, suppli-

ques même ; car l'homme juste doit montrer l'exemple de la modération et de la
justice. Mais toutes les voies légales étant
épuisées, l'insurrection, c'est-à-dire la ré-
sistance à l'oppression, est non-seulement
un droit, mais c'est un devoir sacré, pour
lequel tous les hommes doivent compte
devant Dieu, au nom de l'humanité tout
entière.

D. Pourquoi jugez-vous qu'il soit si
nécessaire de se soustraire au régime monarchique ?

R. Je le juge aussi nécessaire qu'il l'est
à un homme de se soustraire à la faim ;
car le régime monarchique conduit bien des
êtres à la mort. En effet, un roi ne peut
exister sans courtisans, sans cette kyrielle
de princes et sous-princes, qui forme ce
qu'ils appellent l'élite de la nation. Or,
cette élite ne peut l'être qu'à la condition
qu'ils auront des valets, et ceux-ci, d'au-

tres valets ; il en résulte que ces princes et sous-princes, valets et sous-valets dévorent la sueur du peuple, tant et si bien qu'il n'en existe plus assez pour leurs festins et leurs bals. De là, nouveaux impôts pour ce pauvre peuple : portes et fenêtres, patentes, impôt mobilier, cote personnelle, etc., etc. Est-ce qu'il n'est pas, d'ailleurs, la gent taillable et corvéable ? Et comme le peuple murmure, on lui dit qu'il a tort ; s'il murmure plus fort, on lui montre les baïonnettes payées avec le produit de son travail. Que faire ? Il écrit, on saisit ses écrits, on s'empare de sa personne ; si ses écrits ont du retentissement, alors on fabrique des lois d'exception, on crée des cours prévôtales. Que faire alors ? Il faut mourir. Meurs là, va, peuple, car tu ne fais pas partie de leur aristocratie ; tu n'as pas d'écus dans des coffres-forts ; tu n'as pas

1...

d'habit à livrée!... tu n'as que la blouse du prolétaire...

Mais, que dis-je! Non... ne meurs pas, car tu ne dois pas mourir. Dieu, en te créant, t'a dit : « Vis! » et tu dois vivre, car tu as traversé le torrent de la vie sans mourir, malgré la multitude des écueils. Il t'a donc montré sa volonté d'une façon solennelle. Tu dois lui obéir, et ne pas mourir lâchement de la mort de l'idiot. Il t'a dit : Vis! et il n'a pas pu te le dire sans te dire de pourvoir par ton travail à l'existence sacrée qu'il t'a confiée; car ne t'a-t-il pas donné des entrailles comme à tout autre pour alimenter cette vie?... Eh bien! tu te dois à cette vie, tu te dois à toi-même et à Dieu. C'est alors qu'il faut chasser ce roi qui oublie Dieu dans son œuvre la plus parfaite, pour ne voir que de viles passions et commettre ainsi le plus grand des crimes, celui de lèse-humanité !

D. Dites-nous pourquoi les résultats que vous signalez ne se produiraient pas en République.

R. Tous les citoyens qui composent la société, participant dans le gouvernement, tantôt à titre d'électeurs, tantôt comme fonctionnaires, la surveillance s'établit dans toutes les parties de l'administration et sur tous les points du territoire en même temps. Il en résulte qu'il ne peut exister aucun employé malhonnête, car s'il l'était, la presse, à défaut de ses collègues, le signalerait à la justice de ses supérieurs ou du peuple. Son exemple et celui de tous ses semblables, s'il en existait, ne pourraient donc porter de mauvais fruits. Il n'en peut exister non plus d'incapables ; car le mérite seul étant une des conditions d'admission à toute espèce d'emploi, l'incapacité constitue un des faits qui entraînent l'expulsion. De plus, les courtisans, cette lèpre des gouvernements despotiques, n'existent pas, car, comme le pouvoir suprême n'est pas confié à un seul homme, puisqu'il est entre les mains de l'Assemblée qui délègue dans son sein autant de membres qu'elle le juge convenable pour exécuter et faire exécuter ses décisions, les courtisans ne trouvent plus de primes à leurs bassesses, puisque la surveillance de l'Assemblée et du peuple brise celui dont la félonie leur serait démontrée ; partant, plus de courtisans, car ces messieurs ne travaillent pas sans récompense.

D. L'intérêt matériel des membres de la société coïncide-t-il avec le progrès démocratique ?

R. Oui, il coïncide, car toutes les réformes réclamées par la démocratie sont une dette de l'aristocratie. Et le créancier s'irritera d'autant qu'il verra plus de mauvais vouloir à l'acquitter. Or, il est clair et prouvé que les révolutions arrachent ce que la bonne volonté n'a pas su faire. Il devient donc évident aujourd'hui que l'homme qui consent à toutes les réformes que Dieu a marquées de son doigt fait non-seulement un acte de justice et de haute équité, mais un acte de bon sens.

D. Qu'est-ce que le suffrage universel?

R. C'est le droit qu'a chaque individu ou citoyen vivant dans une société de participer à l'élection de celui ou ceux chargés par cette même société de faire et rédiger des lois qui indiquent à chacun la limite de ses droits et de ses devoirs ; et à la société tout entière le degré de protection qu'elle doit à chacun.

D. Qu'est-ce que la loi ?

R. C'est une convention faite entre tous

les citoyens d'une société directement ou par fondé de pouvoir.

Chaque citoyen doit obéissance à la loi, comme la société doit protection à chaque citoyen. Le manque à la loi constitue le manque envers la société ; au nom de la société, celui qui a désobéi à la loi est puni.

D. Pourquoi celui qui a désobéi à la loi est-il puni ?

R. Il est puni parce que, 1° sous une vraie République, comme tout individu susceptible d'être puni contribue à nommer les législateurs chargés de faire la loi, ces législateurs ayant accepté ou fait la loi dont s'agit, il est considéré comme l'ayant faite lui-même ou acceptée. Il doit donc être puni s'il a manqué à sa propre déclaration. 2° Parce que s'il n'était pas puni, la loi n'étant plus respectée, l'individu le serait encore moins. Et comme il ne resterait

plus que la loi du plus fort, il en résulte-
rait une perturbation qui est impossible
dans toute société.

D. Dans l'état actuel de la société, vous
considérez donc qu'il faut obéir à la loi ?

R. Oui, sans doute; car elle est le produit de l'Assemblée nommée par le peuple; et quoiqu'elle renferme bien des
choses que tout vrai républicain ne voudrait
pas y voir et n'en renferme pas d'autres
qui devraient y être écrites, cependant il
est juste de reconnaître qu'elle contient
une foule de mesures et qu'elle consacre
une série de droits pour le peuple qu'aucune royauté, peut-être même aucune oligarchie, ne voudrait ni ne pourrait admet-
tre. Remercions donc la Providence d'avoir
voulu éclairer assez la France pour ne pas
permettre qu'on retourne sur le passé.
Mais en même temps, travaillons avec ar-
deur à nous éclairer et à éclairer nos frè-

res pour réaliser la pensée du Christ, la fraternité universelle en passant par la fraternité française.

D. Dites-nous ce que vous pensez à l'égard de la devise adoptée par la République : *Liberté*, *Égalité* et *Fraternité*.

R. C'est le plus grand œuvre du gouvernement provisoire, parce que cela nous montre que les grands principes de l'humanité ont été compris par lui, et que si en ce moment nous ne réalisons pas complétement cette devise, c'est le but que doit se proposer à présent la nation française, et plus tard le monde entier. Oui, citoyens, voilà le drapeau qu'il faut soutenir avec la République : *Liberté*, parce que l'homme doit pouvoir employer toutes les facultés que Dieu et la nature lui ont données sans être inquiété par qui que ce soit ; *Égalité*, parce qu'il ne peut y avoir de liberté sans égalité, attendu qu'on ne doit pas faire à autrui ce qu'on ne voudrait pas qui vous fût fait, et au contraire désirer pour son voisin le bien qu'on veut pour soi-même ; *Fraternité*, pour que les deux premiers ne soient pas un mensonge et une déception, et jouir enfin de cet immense bonheur : que tous soient frères et que le père commun ait un soin égal pour tous et chacun de ses enfants.

D. Qu'est-ce qu'un représentant du peuple ?

R. C'est le mandataire chargé par le peuple d'aller se concerter avec d'autres mandataires ayant une mission semblable, pour faire des lois ou seulement les reviser. Quand il fait toutes les lois, c'est alors une constitution, il s'appelle constituant, et l'Assemblée tout entière, constituante. La mission des Assemblées constituantes est terminée quand la constitution qui a été l'objet de leur mission a été votée.

D. Quels sont les devoirs d'un représentant du peuple?

R. Le citoyen qui accepte une si haute mission doit bien se pénétrer qu'il n'aura pas trop de ses jours et même de ses nuits pour penser, méditer profondément les droits et les devoirs du peuple ; il doit avoir constamment l'esprit tendu et l'œil fixé sur le but (le bonheur de l'humanité tout entière) et chercher avec attention la route la plus sûre et la moins tortueuse pour y arriver. Il doit ne manquer à aucune séance où les grands intérêts de la nation se discutent ; il doit prêter une attention soutenue à tous les orateurs qui parlent pour ou contre, afin de soutenir ou combattre les propositions en connaissance de cause ; il doit mettre toute espèce de question personnelle à lui ou à tout autre de côté, et après s'être résumé, n'écouter, au moment de voter, que Dieu, sa conscience et les droits que l'humanité revendique.

Qu'il y réfléchisse profondément : l'erreur est un crime presque aussi grand lorsqu'elle est involontaire que lorsqu'elle est volontaire, quand on agit au nom, et pour servir une grande nation, il n'est pas permis d'être léger.

D. Quand un représentant du peuple est-il coupable envers le peuple et mérite-t-il que celui-ci lui ôte la confiance qu'il lui avait remise comme son mandataire ?

R. 1° *Quand il n'assiste pas assidûment aux séances ;* parce que son absence peut être la cause qu'une mauvaise loi soit votée par ses collègues ;

2° Quand, n'ayant étudié aucune des questions qui se traitent à la tribune, il est obligé de laisser périr sans combat une proposition utile malgré qu'elle soit dans le cercle de ses connaissances ;

3° Quand, ayant promis, même officieusement, à ses commettants, de soutenir tel projet ou telle combinaison, il ne le fait plus, étant arrivé à la Chambre;

4° Enfin quand lui, mandataire du peuple, pactisera avec les fonctionnaires publics pour le fait de son vote.

D. Dites-nous de quelle nature est la protection que la société doit à chacun de ses membres.

R. La société doit protection à la personne de tous ses membres, à sa propriété et aux autres membres de sa famille. Comme nul ne peut dire qu'il n'aura pas besoin de cette protection, nul ne peut non plus ni l'infirmer, ni même se soustraire sous des peines portées par la loi de sa portion d'assistance, *la protection de sa personne, et celle de toute sa famille*, contre les attaques des gens faux, méchants ou haineux. *La protection de sa propriété,* c'est pour les uns *sa maison, son champ;* pour les autres, SON TRAVAIL. Quand l'ouvrier ne travaille pas, même à l'état présent de la civilisation et qu'il n'a rien à se reprocher sur sa conduite et sur son ardent désir de travailler, il peut dire que sa propriété n'est pas suffisamment protégée et qu'il ne reçoit pas de la société la portion de protection qui lui est due, suivant la loi naturelle et la loi de convention? *Toute Société qui est impuissante à protéger ses enfants, est impuissante à punir*, et partant n'a pas de condition de sécurité ni de tranquillité. D'ailleurs, quand une nation a pour devise *fraternité*, nul frère ne doit souffrir, surtout par suite de manque de travail.

D. N'est-il pas de protection autre que celle de la vie matérielle ?

R. Oui, c'est celle de la vie morale, sans laquelle l'autre ne différerait guère de celle des animaux. Au nombre des besoins moraux que l'humanité réclame, est le droit à l'instruction égale pour tous. Lui qui ne laisse subsister aucune différence entre l'enfant du riche et celui du pauvre, lui qui fait que nous pouvons apprécier le juste et le vrai, et qui serait un si puissant levier de la fraternité.

D. Dites ce que vous pensez de la présidence?

R. La présidence, comme question de progrès social, atteste que les hommes qui étaient chargés de cette grave question et qui l'ont emporté sur la minorité, n'avaient pas réfléchi assez mûrement sur la faiblesse de notre nature, sur l'orgueil dont est dévorée notre malheureuse espèce. Ils n'avaient pas mesuré non plus l'infiniment petite différence qui existe entre un homme nommé pour quatre ans et celui qui l'est à vie, c'est-à-dire entre un président et un roi. N'est-il pas dangereux, en effet, de mettre une nation aussi volcanisée que la France avec des éléments aussi inflammables ?

D. Dites ce que vous pensez que devrait faire le président de la République, si c'est un vrai républicain qui est nommé ?

R. Il devra demander *l'amnistie à la Chambre*. Il devra *présenter un projet de loi sur le droit au travail*, et enfin présenter un autre projet pour la *révision de l'article relatif à la présidence*.

D. Pourquoi devra-t-il demander l'amnistie à la chambre ?

R. Parce que tous les hommes sont frères, mais qu'il n'y a plus de fraternité si les uns oppriment les autres en les privant du bien le plus sacré, la *liberté ;*

Parce que les uns n'ont pu être ni instruits ni jugés, et que les autres l'ont été pour un fait qui leur est étranger ;

Parce que Jésus-Christ a dit : Pardonnons

à ceux qui nous ont offensés afin d'être pardonnés nous-mêmes ;

Parce que si les uns ont eu tort d'attaquer la société, représentée par l'ordre de choses, ils avaient faim, tandis que d'autres sont bien plus coupables de l'avoir attaquée pour leur orgueil et dans le seul but de détruire la société pour la changer à leur profit ;

Parce que ceux-là qui avaient de l'or plein leurs poches et qui allaient de barricade en barricade pour encourager la guerre civile, les uns n'ont pas été pris, les autres ont été relaxés sans bruit (1) ;

Parce que les autres qui avaient faim ont expié leurs fautes par les dangers qu'ils ont courus ;

---

(1) L'auteur avait quelques raisons de croire que les partisans de Napoléon avaient aidé les insurgés aux affaires de juin.

Parce qu'enfin les milliers de mères, d'épouses et d'enfants sont dans les larmes, le désespoir et la faim, qui supplient la société de pardonner à leurs chefs. La société a pardonné... Eh bien ! ceux qui la représentent seront-ils moins cléments qu'elle ? D'ailleurs, une grande nation ne peut avoir de petites vengeances ; elle doit montrer l'exemple de la clémence et rappeler ses enfants égarés, par l'oubli de leurs fautes. Une vraie République qui punit ne veut pas que le puni puisse, la main sur la conscience et le regard vers Dieu, établir une compensation entre ses fautes et les torts qu'elle a eus envers lui.

D. Pourquoi devra-t-il présenter un projet de loi relatif au travail ?

R. Parce qu'il n'est pas possible que la République française ne soit pas une vraie République, car si elle n'est pas une vraie République, la vie du travailleur n'est pas plus garantie que sa propriété qui est son travail ; le suffrage universel devient une dérision qui nous rendra la risée du monde entier ; car le vote n'étant pas indépendant, puisqu'il pourrait dépendre d'un morceau de pain ou d'une pièce de 5 fr., le suffrage universel n'existe pas, et de plus l'homme est avili, puisqu'il n'est plus que l'instrument d'un plus riche que lui.

D. pourquoi devra-t-il présenter un projet sur la présidence ?

R. Parce que, s'il est un véritable républicain, il connaît la faiblesse humaine ; car il l'a étudiée, et, en conséquence, comme il ne doit pas avoir d'orgueil, et que le bonheur de la nation doit l'emporter sur tout autre sentiment, il se méfiera de lui plus encore que de tout autre, et craindra, par conséquent, de tomber victime des courtisans ; il ne voudra donc pas accepter une responsabilité aussi considérable et servir de clocher à tous les courtisans nés ou à naître. Il acceptera la présidence comme un fait accompli, mais avec la pensée ferme de ramener la chambre et le pays à la vérité par la discussion qu'il engagera lui-même à ce sujet. Alors il grandira aux yeux de la France et de l'Europe plus que le grand conquérant de l'Empire ne l'a jamais fait.

Voilà, mes frères, le résultat de mes études sociales et de mes pensées de bonheur pour tous. Je n'ai pas la prétention d'avoir mis dans un abrégé aussi court tout ce qui peut nous toucher concernant même l'organisation sommaire d'une bonne République; je n'en aurais peut-être pas les facultés; et puis, j'ai voulu le faire paraître avant que les ennemis du monde et de vous aient pris trop d'empire. Ils vous trompent, prenez-y garde; ils y ont un grand intérêt, eux les suborneurs de l'espèce humaine, il leur est indifférent que la moitié de la société périsse, pourvu qu'ils aient des places, des honneurs et de l'argent.

Et maintenant, mes chers compatriotes, à nos postes pour la défense de notre chère patrie, nous rappelant, après que nous aurons chassé l'ennemi, ce que nous devons exiger de ceux qui brigueront nos suffrages pour la représentation nationale :

1° Etre honnête homme ;

2° S'engager à soutenir la République et à ne manquer à aucune séance à moins de maladie grave ;

3° S'engager, après chaque session, à venir nous rendre compte de ses discours et de ses votes.

Paris, Paul Dupont, 41, rue J.-J.-Rousseau. 3881-9.70.